LA VÉRITÉ

SUR

LA PROFESSION D'AVOCAT.

Tout exemplaire non revêtu de la signature de l'auteur
sera réputé contrefait.

LA VÉRITÉ

SUR

LA PROFESSION D'AVOCAT,

PAR F. VALENTIN VERCHÈRE,

ANCIEN MAGISTRAT.

« Le client n'est pas l'homme de leur choix ;
il est l'homme de leurs besoins. »

A PARIS,

CHEZ DELAMOTTE, LIBRAIRE,

PLACE DAUPHINE.

—

Mai. — 1840.

AVANT-PROPOS.

Ce travail, d'une main inconnue, a été entrepris dans des vues élevées, dans un intérêt social. Il s'adresse à tous les pères de famille qui destinent leurs fils à la carrière du barreau, à tous les jeunes gens qui se préparent à la suivre, et, à certains égards, à la nation entière. Les avocats, surtout depuis 1830, ont, sur sa destinée, une grande influence; il faut les lui faire juger. L'homme politique, en eux, presque toujours, est la reproduction de l'homme judiciaire, dont la nature intime est ici dévoilée.

L'auteur, en révélant toute la vérité, sera-t-il parvenu à n'offenser personne? N'a-t-elle pas des ennemis-nés? Fontenelle, effrayé de leur nombre, voulait la retenir captive. Peut-être avait-il mal compté. Au dessus de la sphère où s'agitent les intérêts et les passions, il en est une où la justice habite, et cette œuvre y sera jugée. La profession qui

en est le sujet, comme toutes les autres, a ses hommes d'élite. Pour eux , lutter contre la vérité, ce
serait changer d'habitude. L'auteur a droit à leur
appui. En prouvant qu'au barreau, la ligne du
devoir, plus que jamais, est difficile à suivre, il
fera mieux apprécier ce qu'il faut de vertu pour
ne pas dévier. Autrefois d'Aguesseau, dans un
discours célèbre, déjà disait aux avocats; « Vous
» marchez sur une route élevée, mais environ-
» née de précipices »(1). La route maintenant
est beaucoup plus étroite ; et l'affluence y est plus
grande (2). Aussi presque tous ceux qui, trom-
pés par l'espoir, se portent en foule à l'entrée
vont au-devant du repentir. La société souffrira de
leurs mécomptes. Ils tenteront, comme leurs de-

(1) Discours sur l'Indépendance de la profession d'avocat,
prononcé à l'ouverture des audiences, en 1698.

(2) Des sources de procès ont été taries. (Matières béné-
ficiales, féodales, Substitutions, Retraits lignagers, etc., etc.)
Le Droit de *Committimus*, le Privilége du sceau n'existent
plus. Le ressort du Parlement de Paris a été réparti entre
neuf ou dix Cours royales, et cependant en 1790 il n'y avait
pas 600 noms sur le tableau du Parlement. En 1840, il y en
a 820 sur celui de la Cour ; et plus de 1,000 avocats stagiaires!!

vanciers, de les réparer à ses dépens (1). Éloigner d'elle ce danger est le premier but du travail qu'ont pu coûter ces quelques pages. Pour confirmer la pensée, dont l'empreinte est sur toutes, de nombreux témoignages ont été recueillis; des faits et des chiffres cités; et la critique, en leur présence, perd le droit d'être dédaigneuse.

L'intérêt peut la rendre hostile; mais qu'il n'essaye pas de donner ses *plaidoyers* pour des sentences. S'il statuait sur sa plainte, où serait l'équité?

––––––––––

(1) C'est dans les rangs des avocats sans causes que les chefs de *Carbonari* (la plupart hommes du métier), sous la Restauration, recrutaient leur milice.

LA VÉRITÉ

sur

LA PROFESSION D'AVOCAT.

I.

CE QUE DOIT ÊTRE LA PROFESSION D'AVOCAT.

Autrefois, dans la formule du serment, dont il tient son titre, les devoirs de l'avocat étaient écrits : « Je jure... de ne conseiller ou défendre aucune cause que je ne croirai pas juste en mon âme et conscience. (1) »

La formule a changé; les devoirs sont les mêmes. Il faut pour les remplir, avec fidélité, ne se laisser jamais préoccuper par la pensée des honorai-

____

(1) Art. 14 du décret du 14 décembre 1810, aujourd'hui remplacé par l'art. 38 de l'ordonnance royale du 20 novembre 1822.

res (1), et savoir se dessaisir d'un procès dès qu'on le juge mal fondé. Ainsi, le sacrifice de l'intérêt particulier à l'intérêt de la justice doit être la loi de cette profession : c'est pourquoi D'Aguesseau disait « qu'elle est aussi noble que la vertu (2). » Cela est vrai sous le rapport des devoirs qu'elle impose ; mais consultons l'expérience et tâchons de juger si les faits s'accordent avec les principes.

---

(1) « Les avocats se sont interdit non seulement toute ac-
» tion en justice, mais encore toute démarche tendant à exi-
» ger le prix de leurs travaux....... Aux personnes qui nous
» reprochent comme une délicatesse bizarre la rigueur de
» nos principes sur cette matière..... nous ne pouvons ré-
» pondre autre chose, sinon que la vertu ne peut guère
» exister sans un peu de cet enthousiasme qui l'emporte au-
» delà du devoir. » Consultation contre Linguet, avril 1775.
Cette consultation, émanée du conseil de discipline, fut signée par l'élite du barreau : De Lambon, Target, Elie de Beaumont, etc., etc.

(2) Discours sur l'indépendance de la profession d'avocat.

II.

CE QU'EST LA PROFESSION D'AVOCAT.

La profession d'avocat est un genre d'industrie, un moyen d'existence, une des formes du culte de l'intérêt privé (1). L'exemption de patente dont elle jouit constitue, en sa faveur, un privilége qu'un abus de puissance a maintenu, et contre lequel aujourd'hui de justes murmures s'élèvent. Cette profession est séparée des arts mécaniques par l'intervalle immense qui existe entre les tra-

(1) Toute règle a ses exceptions, toute vérité ses limites. Il y a eu, au barreau comme en d'autres carrières, des exemples de désintéressement. Pour perpétuer le souvenir de ceux qu'il a donnés, Étienne Pasquier s'est fait peindre *sans mains*. La générosité de Gerbier est attestée par Mme de Genlis (*Mémoires*, t. 3, p. 89.) Mais elle s'est, plus d'une fois, reproché, devant nous, d'avoir omis cette réponse qui renferme toute la morale de la profession, et que, plus tard, Desèze, à la barre de la Convention, a si noblement commentée : « Nous sommes les soldats et non les mercenaires » de la cause que nous défendons. »

vaux matériels et les travaux de la pensée ; mais son but est le même. Au risque de blesser d'orgueilleuses prétentions, nous emprunterons, pour le désigner, la franchise du langage populaire, et nous dirons : l'avocat, comme l'artisan, travaille pour gagner sa vie. S'il était scrupuleusement fidèle au serment dont la formule vient d'être retracée ; s'il suivait sans dévier le sentier du devoir, il arriverait à l'indigence. En ce point, comme en beaucoup d'autres, D'Aguesseau a méconnu la vérité. Il a cru que, dans cette profession, « faire son » devoir et faire sa fortune ne sont qu'une même » chose (1). » C'est une des erreurs bienveillantes qui nuisent à l'effet de sa harangue ; mais pour rectifier cette erreur, nous n'aurons qu'à rappeler les maximes dont lui-même s'est inspiré, et que, dans les paroles du serment, le législateur de 1810 avait si bien résumées : le cabinet de l'avocat est un tribunal privé (2), un sanctuaire où est l'autel de la justice (3). Son ministère ne diffère de celui du juge que par le caractère et le mode d'exercice, et non par les obligations (4). Or, toutes les parties

---

(1) Discours sur l'indépendance de la profession d'avocat.

(2) Camus, *Lettres sur la profession d'avocat*, 4ᵉ édition, revue et enrichie par M. Dupin aîné, t. 1, p. 5.

(3) Tronson Ducoudray, plaidoyer contre Mᵉ Froudière (*Barreau français*), t. 10, p. 202.

(4) « Avocats, c'est une vérité que nous aimons à répé-

se pressent devant le juge, et chacune successivement charge les bassins de sa balance. Il peut com-
parer et choisir ; et nul intérêt ne l'aveugle. La
position de l'avocat est mille fois plus dangereuse :
il a l'intérêt sans l'option. Toutes les parties ne
sont pas devant lui ; s'il congédie celle qui se pré-
sente, l'autre la remplacera-t-elle ? rien n'est moins
sûr. Aussi, le plus souvent, ne choisit-il pas ; il
accepte. « Il est presque toujours l'homme du premier venu (1). » S'il ne se chargeait d'une cause
qu'après l'avoir jugée la meilleure, comme l'y
oblige son devoir, pourrait-il faire sa fortune ?
L'expérience a prouvé que non. « Dans l'ordre des
» idées que je me suis faites sur cette profession (dit
» un écrivain spécial (2), un premier titre pour mé-
» riter à celui qui l'embrasse, la considération des
» gens sensés, c'est de voir qu'il *méprise* les profes-
» sions lucratives... pour se dévouer à des fonctions

---

ter, que les rapports de votre profession avec la magistrature sont tels, que les devoirs de celle-ci sont presque toujours aussi vos devoirs. » (M. de Broé, Discours prononcé à
l'audience solennelle de rentrée, le 3 novembre 1827.)

(1) M. de Cormenin, *Études sur les orateurs parlementaires*, 10ᵉ édition, Étude 24.

« J'ai pris les affaires telles qu'elles m'ont été présentées,
dit M. Berryer père, *Souvenirs*, t. 2, p. 2. *Le choix ne m'en
était pas permis ;* les premières ne m'étant venues que de la
deuxième main et par la confiance des procureurs. »

(2) Camus, *Lettres sur la profession d'avocat*, t. 1, p. 4.

» qui ne promettent *que de l'honneur* à ceux qui les
» exercent avec le plus de succès (1) ». Cet écrivain,
homme de conscience, entend comme D'Aguesseau lui-même les devoirs du ministère de l'avocat ; mais il ne se trompe pas, comme lui, sur les
conséquences de leur accomplissement. A l'optique
du palais, l'erreur est impossible. Aussi, la reli-
gion qu'imposait le décret de 1810 y est-elle
taxée de puritanisme ; et, mettant en oubli leur
serment primitif, qui serait (pensent-ils) un vœu
de pauvreté, les casuistes de la profession ont en-
seigné d'autres principes. L'une des sommités du
barreau moderne (M. Dupin aîné) citait comme
règle de conduite à ses confrères le passage suivant du traité des Offices de Cicéron, dont il ne
craignait pas de vanter la vertu : « Le juge ne doit
chercher que le *vrai*, l'orateur se contente de la
probabilité (2). » Plus récemment, dans l'intro-

---

(1) Bellart, Billecocq, Gicquel, etc., etc., sont sortis pau-
vres du barreau. Lainé n'a jamais eu d'autre richesse que
celle du talent et de la vertu. (Voy. le discours de réception
de M. Dupaty, son successeur à l'Académie française.)

(2) Camus, édition précitée ; lettre 8 par M. Dupin aîné,
t. 1, p. 155.

M. Dupin apparemment entend cette *maxime* comme
Cicéron lui-même l'entendait. Or Cicéron (en ce point
d'accord avec notre législateur) dit, avant de la formuler,
« qu'on peut défendre même un coupable). » Il y a toujours
en effet, des formes protectrices à invoquer, des circon-

duction d'un recueil fort connu (1), des avocats
de la même école, pour justifier M. Bellart des
contradictions dans lesquelles il est tombé, invo-
quaient la même autorité ; et sans scrupule, répé-
taient ces paroles du discours pour *Cluentius*. « Ce
» serait une erreur grossière de chercher dans un
» plaidoyer l'opinion de celui qui le prononce ; il
» doit parler suivant son rôle et non suivant son sentiment (2). » Cette morale est bien digne de l'orateur, qui, « après avoir, par l'influence des che-
» valiers, accusé Gabinius d'exactions en Orient,

stances à écarter, d'autres à faire valoir et quelquefois des
excuses légitimes à plaider : strictement appliquée aux procès criminels, la règle serait donc trop sévère. Pour les
procès civils, elle ne l'est pas assez. Aussi n'est-ce point
d'aujourd'hui qu'elle trouve faveur au Palais : dans une mer-
curiale adressée aux avocats par le P. P. Mathieu Molé,
nous lisons ces belles paroles : « Encore que le grand orateur,
» au second des Offices, ait dit : « *judicis est verum sequi ; pa-*
» *troni autem nonnumquam quod verisimile, etiamsi mi-*
» *nus verum sit.* Toutefois, il parloit en payen. Parmy nous,
» cette liberté est aussi peu tolérable à un advocat qu'à un
» juge, car il est le premier juge de sa cause. » (*Trésor des Ha-*
rangues, t. 2, p. 74.)

(1) *Barreau français*, collection publiée par Panckoucke,
introduction, p. 91.

(2) *Errat vehementer si quis, in orationibus nostris quas
in judiciis habuimus, auctoritates nostras consignatas se ha-
bere arbitratur ; omnes enim illæ orationes causarum et tem-
porum sunt, non hominum ac patronorum.*

» ne rougit pas de le défendre à la prière de Pom-
» pée (1). » Cependant (chose inconcevable!)
elle a prévalu dans la rédaction de l'ordonnance
royale du 20 novembre 1822, sous l'empire de laquelle nous vivons. Les mots : « Je jure de ne con-
» seiller ou défendre aucune cause que je ne croirai pas juste en mon âme et conscience » ont été
retranchés de la formule du serment. — Quels
pouvaient être les motifs d'une suppression si dangereuse?... Le ministre qui l'a fait décréter (M. le
comte de Peyronnet) dans une lettre fort remar-
quable, a bien voulu les exposer. Cette lettre n'é-
tait point destinée à la publicité ; mais elle ne sau-
rait trop en avoir ; et l'auteur, sur notre demande,
a permis qu'elle fût imprimée.

LETTRE

De M. le comte de Peyronnet sur les causes de la modifica-
tion qu'a subie la formule du serment des avocats dans
l'ordonnance royale du 20 novembre 1822.

« Vous interrogez de bien vieux souvenirs, monsieur, voici toutefois ce qu'ils me rappellent.

« La commission demandait la suppression de cette
formule, comme injurieuse à l'ordre des avocats,
comme immorale et inefficace, comme inconcilia-
ble avec l'article 41 du projet.

---

(1) M. Michelet, *Histoire romaine*, première partie, t. 1,
p. 255.

» C'était offenser l'ordre, disait-elle, de lui imposer un serment qui supposait une méfiance fondée sur des habitudes contraires aux plus simples notions de l'honneur. Les torts du petit nombre ne doivent pas être imputés à tous.

» Le décret de 1810, ajoutait-elle, n'a point empêché que les mauvaises causes ne trouvassent leur avocat. Cette disposition, malheureusement impuissante, a donc, de plus, l'inconvénient d'exposer et d'entraîner au parjure les avocats, comme il s'en trouve toujours, que la cupidité ou la pauvreté engagent à accepter indistinctement toutes les causes qu'on leur confie.

» Enfin, poursuivait la commission, ce serait offrir un prétexte à ceux d'entre les avocats qui voudraient s'affranchir du pénible devoir d'assister les accusés dans les cours d'assises. Ces causes-là sont rarement bonnes, et il est difficile, pour le plus grand nombre, de les juger telles, *en son âme et conscience*. Il ne faut pas cependant abandonner l'accusé aux préoccupations, aux méprises possibles des accusateurs et des juges. La raison, l'humanité, l'intérêt social, la loi l'interdisent. L'avocat devra donc quelquefois défendre des causes qu'il saura mauvaises; ne l'en empêchez pas par son serment en même temps que vous l'y obligez par d'autres dispositions du projet (1).

______

(1) « L'avocat nommé d'office, pour la défense d'un ac-

» Je ne trouve rien de plus, monsieur, dans mes souvenirs ; et maintenant laissez-moi vous dire que tout le monde, il est vrai, a besoin d'indulgence ; mais que je regretterais vivement que vous imposassiez la moindre contrainte à cause de moi. Le réglement de 1822 fut accueilli, dans ce temps, avec beaucoup de faveur. Je ne l'avais pas cru défectueux, jusqu'ici ; mais je me trompe peut-être, et, si vous êtes, monsieur, de ce sentiment, dites-le sans ménagement, je vous prie ; les discussions de ce genre n'ont rien à démêler avec mes malheurs. Je suis à l'épreuve de l'injustice ; à plus forte raison des justes censures.

» Agréez, monsieur, etc.   DE PEYRONNET.

» Monferrand, 20 août 1839. »

Il faut se méfier de l'émotion qu'excite un si noble langage, et se souvenir, pour bien juger, que la cause la mieux plaidée n'est pas toujours la meilleure.

Le réglement de 1822, à le prendre dans son ensemble, sans contredit, fut un progrès. L'ordre

---

» cusé, ne pourra refuser son ministère sans faire approuver
» ses motifs d'excuse ou d'empêchement par les cours d'as-
» sises, qui prononceront, en cas de résistance, l'une des
» peines déterminées par l'article 18 ci-dessus, » (Article
44 de l'ordonnance du 20 novembre 1822.)

des avocats le reçut avec reconnaissance ; la Cour de cassation, dans un de ses arrêts, en vanta les dispositions (1). Une seule est ici blâmée. M. de Peyronnet la défend en disant :

— Si la formule du serment a été modifiée, c'est pour éviter des parjures ; si le frein a été brisé, c'est parce qu'il était impuissant.

— Voyez si Dieu, pour éviter à l'homme des infractions à la loi naturelle, a modifié la conscience. Voyez s'il en brise le frein, parce que le vice le secoue. Or, vous n'avez pu décréter une morale particulière. Vous avez changé le serment ; le devoir est resté le même. La formule ancienne était à son niveau et la nouvelle est au dessous. Fallait-il espérer des résultats heureux d'une pareille différence?.....

Un autre motif est donné. Nous oserons le discuter avec la même liberté.

— L'article 41 de l'ordonnance contraint les avocats nommés d'office à défendre même un coupable ; peuvent-ils croire sa cause *juste en leur âme et conscience ?*...

— Ne nous trompons pas sur les mots ; *cause*, ici, veut dire *défense* ; et, comme le crime a ses degrés, la défense des coupables est un des élémens

______

(1) Arrêt du..... 1825, qui casse une décision de la Cour royale de Limoges, pour violation de l'art. 15, et fausse application de l'art. 18 de ce réglement.

de la bonne justce (1). Si, sans blesser leur conscience, les avocats ne pouvaient s'en charger, que devrait-on donc penser de la loi qui la leur impose?

Lorsque M. Bonnet eut plaidé pour Louvel, le procureur-général, en sa réplique dit : « Sans dé-» serter un seul instant, la cause de son client » (Louvel!!!) le défenseur n'a professé que les » principes de la morale la plus pure »(2). D'autres exemples ont prouvé qu'il est possible de défendre, en son âme et conscience, les scélérats plus odieux; mais pour imiter ces exemples, il faut une bonne foi complète; il faut se tenir prêt, en toute occasion, à redire ces belles paroles de la plaidoirie de Bonnet : « La voix nous manquerait pour nier l'é-» vidence (3). » Serait-ce un effort trop pénible? La formule du serment ne le commande plus! avec les restrictions qu'elle a subies, elle ne s'applique exactement qu'aux procès politiques; c'est-à-dire aux exceptions; aux accidens de la vie judiciaire : «Je » jure d'être fidèle au roi et d'obéir à la charte con-» stitutionnelle; de ne rien dire ou publier, comme » défenseur ou conseil, de contraire aux lois, aux » réglemens, aux bonnes mœurs, à la sûreté de l'é-» tat et à la paix publique; et de ne jamais m'é-

---

(1) Voyez plus haut, p. 6, note 2.
(2) Réplique de M. Bellart, procureur-général.
(3) Plaidoyer de M. Bonnet pour Louvel.

» carter du respect dû aux tribunaux et aux auto-
» rités publiques(1). »

Le vice de cette formule devient encore plus frappant quand on cherche ce qu'il est permis de faire en se renfermant dans ses termes : pour cela, ne suffit-il point, avant d'accepter un procès, de se demander à soi-même, non pas s'il semble le plus juste, mais si seulement il semble plaidable : et, en effet, nous avons entendu les maîtres du palais, dans leurs provinces, répondre tour à tour à nos objections par ces mots caractéristiques :
« Comme juge, je trouverais la cause mauvaise et
» je condamnerais. Comme avocat, je la trouve
» soutenable et je la plaide. »

Nous sommes loin, vous le voyez, de la morale consacrée par le décret de 1810. C'est qu'encore une fois, pour en suivre les règles, il faut mépriser le salaire et savoir immoler, sans cesse, ses inté-rêts à ses devoirs (2).

Telles sont, dans cette carrière, les conditions de la probité. Conditions si difficiles que, de tout temps, les législateurs en ont surveillé l'ac-complissement avec inquiétude. Tous les statuts

---

(1) Art. 38 de l'ordonnance royale du 20 novembre 1822.

(2) Quand l'intérêt prêche le devoir, le devoir est toujours rempli. Les avocats ont donc grand tort de se vanter de leur fidèle probité dans les communications de pièces. Y man-quer, ce serait se perdre.

relatifs à la profession d'avocat portent le sceau de la défiance. L'histoire nous apprend qu'à différentes époques, l'exercice en a été interdit en plusieurs contrées de l'Europe (1). Et, dans les causes criminelles, les abus, parmi nous, étaient devenus si grands, qu'une ordonnance rendue sous le règne de Louis XIV, l'ordonnance de 1670, refusait en règle générale, un défenseur aux accusés (2). Or, pourquoi le refusait-elle? — Parce que, dit le procès-verbal : « L'expé-« rience faisoit connaître que le conseil qui était » nommé se faisoit honneur et se croyoit permis, » en toute sûreté de conscience, de procurer, *par* » *toute voie*, l'impunité à son client (3). »

Ces paroles sont remarquables; et souvent, à la

______

(1) En Portugal par Pierre Ier (dit *le Justicier*), vers 1360; en Suisse, canton d'Appenzel (voy. Constitution révisée en 1834, art. 4); en France, dans les procès criminels, jusqu'en 1790; en Angleterre, dans les procès criminels, jusqu'en 1836.

(2) Titre 14, art. 8.

(3) Voy. 1° procès-verbal de l'ordonnance; 2° réquisitoire de l'avocat-général Séguier contre le Mémoire de Dupaty en faveur de trois hommes condamnés à la roue; 3° le commentaire de Jousse sur l'art. 8 du titre 14 de l'ordonnance de 1670. Lamoignon lui-même disait, en discutant cet article, « qu'à la vérité, il ne seroit pas raisonnable » d'administrer conseil en toutes sortes de crimes et à tous » les accusés ».

cour d'assises, les plaidoiries nous les ont rappe-
lées. Certes, aucun secours légitime ne doit man-
quer aux accusés. La raison publique a réprouvé les
dispositions de l'ordonnance qui les privait de défenseurs. « Il ne faut pas éteindre les fanaux parce
» qu'ils éclairent les pirates (1), » et le salut de
cent coupables est moins fatal à la société que la
perte d'un innocent. Mais, sauf d'honorables exceptions, les avocats du barreau moderne sont-ils
plus scrupuleux que leurs devanciers ?... Les uns,
sortis des derniers rangs de l'ordre, se prostituent
» sous le masque des mimes et des sophistes (2). »
Les autres, mésusant de leur talent, font tomber
des larmes sur la sentence quand il ne peuvent pas
la déchirer. Devant un intérêt particulier, l'intérêt social a disparu. L'absolution des plus grands
criminels est une victoire dont on s'enorgueillit.
Elle ne coûte pas de remords ! Enfin, déjà le mal
a fait tant de progrès, qu'un homme d'expérience
spéciale (M. de la Palme) a signalé comme une des
causes *principales* de l'impuissance de la justice les
moyens employés par *la plupart* des défenseurs
« pour attendrir ou épouvanter les jurés (3) ». Nous

(1) Lemontey, *Réflexions sur les devoirs des conseils des
accusés*.

(2) *Ibidem*.

(3) Discours prononcé par M. l'avocat-général De la
Palme, à l'audience de rentrée de la Cour royale de Paris,
le 4 novembre 1839.

n'avons point à développer une semblable thèse. Que d'autres tracent le tableau des abus de la profession, notre tâche est plus élevée : nous l'attaquons dans son essence, telle que la force des choses l'a faite, surtout de nos jours, et nous voulons apprendre à ceux qui s'y destinent à quelles conditions on l'exerce.

III.

Nous ne répéterons point ce qui souvent a été dit des pénibles travaux, de la longue patience qu'impose cette profession. « Nulle carrière ne laisse » apercevoir à une plus grande distance, pour ceux » qui la parcourent, le but auquel ils se proposent » d'atteindre (1). » Nous ne dirons rien du patronage impérieux des avoués, patronage qu'il faut subir tant que la réputation n'est pas faite (2). Nous fermerons les yeux pour ne point voir les épi-

(1) Billecocq, Discours sur la profession d'avocat.

(2) Un journal judiciaire (*le Droit*, n° du 27 novembre 1839) rapporte cette allocution de M. le premier président Séguier aux avoués de la Cour royale : « Pourquoi MM. les avoués *s'accrochent-ils aux robes* d'une quinzaine d'avocats ? Il y en a huit cents inscrits sur le tableau, et parmi eux se trouvent des jeunes gens pleins de zèle, qui ne demandent qu'à être occupés, et qui plaideraient *à bon marché.*

nes dont cette route est parsemée : il y en a sur
toutes les routes. Ainsi, nous omettrons les plain-
tes de Loisel « sur les inepties ou importunités des
» parties ou des procureurs (1), » et celles de tous les
hommes de quelque valeur, tombés dans un barreau de province, sur ces contestations arides, ces
étroites discussions de procédure qui, presque seu-
les, remplissent les audiences. Nous nous borne-
rons à déduire les conséquences de la règle de
conduite inventée pour faire concorder les profits
avec les principes, et nous montrerons à cette mul-
titude de jeunes gens qui se coudoient sur un chemin plein de périls, combien l'honneur de la
profession a souffert des besoins de ceux qui l'exercent.

« L'avocat se contente de la probabilité. »

Avec une telle maxime, quelle cause refusera-t-
il (2)? Y aura-t-il, pour lui, qui vit de scepticisme, une vérité incontestable? Hésitera-t-il à se
charger des rôles les plus opposés; à défendre, le
lendemain, ce qu'il a combattu la veille? Mais il
ne fait, en agissant ainsi, qu'obéir à la loi de sa

(1) Loisel, Dialogue des avocats du Parlement de Paris,
en 1602.

(2) « Les avocats parlent pour qui veut, tant qu'on veut,
» sur ce qu'on veut. »

(M. de Cormenin, *Études sur les orateurs parlementaires*,
dixième édition, étude 4.)

profession : « il plaide des probabilités. » Il joue
avec les cartes qui lui viennent et ne désespère jamais de la partie. Car enfin, dira-t-il, ce qui dépend du jugement des hommes est incertain. Tous
les maîtres de la science regardent la transaction
judiciaire comme un contrat aléatoire (*alea judi-
ciorum !*). « On ne peut donc faire état des causes,
» d'autant qu'on perd souvent celles qu'on pensoit
» gagner ; et, au contraire, on gagne celles qu'on
» pensoit perdre (1). » C'est ainsi que, dans le dialogue déjà cité, Loisel a fait parler un avocat de
son époque ; mais il le taxe d'improbité ; lui reproche de s'être montré si peu soigneux de son honneur et flétrit hautement la *doctrine*, qui semble
aujourd'hui prévaloir. Ce n'est plus la cupidité,
c'est désormais le besoin qui la prêche. La source
des procès, autrefois si féconde, dans la transfor-
mation de notre société, heureusement s'est apau-
vrie (2). Une organisation judiciaire, que l'Europe
peut envier, a remplacé la confusion des juridic-
tions. Des magistrats ont été institués pour la con-

---

(1) « Les devoirs et les obligations, consciencieusement
remplis, caractérisent la grande morale ; les intérêts habile-
ment masqués, composent la petite. » (*L'Observateur au
XIX* siècle*, par M. de Saint-Prosper.)

(2) Sur 233 questions traitées dans les œuvres de Cochin,
en six volumes in-4°, il n'y en a que 62 qui puissent encore
se présenter sous l'empire de la législation nouvelle.

çiliation des parties, et d'autres pour fixer les doutes par des arrêts inattaquables. Enfin, la loi est *une*, et tous les fronts passent sous son niveau. Il n'y a plus de droit féodal, plus de droit ecclésiastiques. Les lois romaines, les ordonnances, les coutumes générales ou locales, les statuts, les réglemens ont perdu leur autorité.

Le chaos a cessé. Le système est fait; il tient presque dans un volume (1). Le code civil, sans doute, comme toute œuvre humaine, porte le sceau de l'imperfection. Il renferme des dispositions inutiles (2), des solutions dangereuses (3); des articles inintelligibles (4). Mais, considéré dans son ensemble, c'est la plus grande création de notre ère nouvelle, et ce sera la plus féconde. Chez les nations soumises par nos armes, il survit à notre puissance : la raison le maintient où l'avait établi la force. Comme un trophée, sur la terre

---

(1) Nos assemblées délibérantes ont laissé des lois innombrables; mais le principe de solution des sept dixièmes des procès est écrit dans le code civil, ou dans le code de procédure.

(2) Tous les articles relatifs à la tutelle officieuse (361 à 370). Ce contrat est inusité.

(3) Art. 374, qui autorise l'enfant âgé de dix-huit ans à s'enrôler contre le gré de ses parens.

(4) Tous les articles qui consacrent la fausse doctrine de l'indivisibilité absolue. Voy. Toullier, *Droit civil français*, t. 6, p. 771 à 832.

conquise, il fait vivre le souvenir de nos victoires.

Que, parmi nous, l'instruction se propage ! que
la presse répande ses clartés ! le livre de la loi de-
viendra populaire, et l'espoir de celui qui en fut le
parrain, certainement s'accomplira. « Un grand
» nombre de causes seront mises à la portée de
» chacun (1). »

Près de quarante années d'exécution ont aplani
les difficultés qui toujours naissent d'une législation nouvelle. L'expérience judiciaire a donné ses
leçons, elles portent leurs fruits. La jurisprudence, malgré quelques oscillations, conséquences
inévitables de l'invasion récente des avocats dans
la magistrature (2), a résolu bien des problèmes.
La plupart des questions qui s'agitent aujourd'hui
ne sont que des questions de fait ; le chiffre des
procès, depuis quelques années, à peu près immo-
bile, dans le premier période qui a suivi la pro-
mulgation de nos codes, s'est successivement

---

(1) Paroles de Napoléon. Voy. *Mémorial de Sainte-Hélène*,
t. 7, p. 348.

M. de Chabrol-Chaméane a publié, dans le but indiqué
par ces paroles, un ouvrage digne d'éloges : *le Dictionnaire de législation usuelle.*

(2) On sait le mot du baron Louis, après la révolution de
1830 : « *La meute des avocats demande la curée.* » Plus de
douze cents d'entre eux devinrent alors fonctionnaires, et
leur émigration ne fit pas cesser l'encombrement.

abaissé, M. Dupin, dès 1824, fondait sur ce fait la demande d'une réduction des tribunaux et des cours du royaume (1). Les statistiques judiciaires constatent de plus en plus la nécessité de cette mesure (2) ; et la force des choses bientôt l'amènerait, si le nombre des officiers ministériels, qu'Heineccius comparait à une bande de vautours (3), était partout diminué. La puissance d'action d'une telle réforme dépasserait encore celle des bureaux de paix. Napoléon ne l'eût point fait attendre, lui « qui, pour empêcher qu'un tiers vécût des que- » relles des autres, qu'*il les excitât même, afin de* « *vivre mieux*, aurait voulu qu'il n'y eût d'avoués » ou d'avocats rétribués que ceux qui gagneraient » leurs causes (4). » Assurément, nous sommes loin du jour où cette pensée pourra être appliquée. Dans la voie du progrès, l'homme marche à

---

(1) *Des magistrats d'autrefois*, etc., par M. Dupin aîné, p. 68 à 74.

(2) Il y a en France des tribunaux qui n'ont pas à juger 40 causes *par an*. Il y en a 35 à 40 qui n'en jugent pas 100 ; et plus de 150 dans lesquels le chiffre des inscriptions au rôle ne s'élève pas à 200. Cet dernière observation est applicable à quatre Cours royales.

(3) *Vultures togati*. Voy. aussi la loi 9. ff. *de officio proconsulis* contre ces grands ouvriers en procès qu'Ulpien désignait sous le nom de *causarum concinnatores vel redemptores.*

(4) *Mémorial de Sainte-Hélène*, t. 7, p. 348.

pas lents, il a fallu plus de trois siècles pour qu'enfin s'accomplît ce beau vœu de Louis XI. « Qu'on » usast d'*une* coustume, d'*un* poix, d'*une* mesure ; » et que toutes ces coustumes fussent mises en » françois en un beau livre pour éviter la cau- » telle des advocats qui est si grande en ce royaume » que nulle autre est semblable (1). » Nous avons le droit d'espérer qu'à l'avenir les vues utiles trouveront des chances plus heureuses ; l'intelligence publique, en se développant, seule suffirait pour les créer et souvent les mener à bien. Il est des vérités que désormais l'expérience ne doit plus enseigner en vain ; car la presse lui vient en aide. Sa voix, qui maintenant est partout écoutée, à force de les répéter, les fait entrer dans les esprits. Le temps approche où ils comprendront tous que « les tribunaux sont une arène d'où le vainqueur » sort toujours mutilé (2). » Cette pensée, saisie dans toute sa portée, agirait contre les procès comme un remède spécifique, et nous verrions se déclarer une nouvelle phase décroissante. Dès à présent, un homme grave (M. Ajasson de Grand-saigne), a vérifié que si tous « ceux qui ont fait » leur cours de droit, et qui possèdent diplôme, » usaient de l'autorisation qu'ils ont de plaider ;

---

(1). *Croniques du roi Loys onzième*, par Philippe de Commines (édition de 1577), ch. CXXV.

(2) M. Léon Gozlan.

» toutes les causes criminelles et civiles de France,
» également réparties entre eux, se réduiraient,
» par an, à deux pour chacun (1). » Nous avons
trouvé dans les derniers comptes généraux de l'administration de la justice civile, les élémens d'un
calcul plus précis : le chiffre total des procès, di-
visé par celui des avocats *inscrits sur les tableaux*,
donne une moyenne générale de 25 causes civiles
par an, pour la part de chaque avocat.

L'extension récente de la compétence des juges
de paix, l'éloignement de la limite du dernier ressort, pour cette juridiction et pour les tribunaux
de première instance et de commerce, préparent
aux hommes du barreau un loisir encore plus com-
plet (2). Leur effet immédiat doit être, sinon la
diminution des procès, assurément au moins celle
des plaidoiries. Où va donc cette foule qui se presse
sur les bancs des écoles, et que voit-elle à l'horizon ?
En province, déjà le nombre des affaires est telle-
ment limité, qu'après un intervalle plus ou moins
long, suivant le rang des ressorts, l'orateur du barreau a parcouru le cercle dans lequel il doit se
mouvoir pendant le reste de sa carrière. Il ne

______

(1) *L'instruction sans maîtres*, journal populaire, mars
1836.

(2) Voy. la loi du 25 mai 1838 sur les justices de paix,
celles du 11 avril 1838 sur les tribunaux de première instance, et du 3 mars 1840 sur les tribunaux de commerce.

peut plus aller en avant, la terre lui manque, il faut qu'il revienne sur ses pas. En supposant que constamment il ait plaidé de bonne foi, est-il possible que la fortune renvoie toujours les mêmes rôles ? Or « vous ne devez pas vous servir du passé » pour faire obstacle à l'avenir (1). » Chaque jour a ses besoins, la simplicité des mœurs a disparu, le luxe pénètre partout. C'est un hôte fort dangereux, mais qui veut lui fermer sa porte (2)? Permettez donc à l'avocat de changer sans cesse de principes et d'appuyer tour à tour sur chaque plateau de la balance du juge de la main que le client devra remplir. Si cette apostasie, dont il fait habitude et dont Cochin lui-même n'a pu se préserver (3), excitait

---

(1) Cette *maxime* est de M. Sauzet (Séance de la chambre des députés, mars 1836).

(2) A Rome, quand le progrès du luxe eut perverti les mœurs antiques, la profession d'avocat, jusqu'alors honorée, ne fut plus qu'un trafic indigne. Il faut voir en quels termes en a parlé Tacite. Au mépris de la loi (*loi Cincia*), les hommes du métier vendaient si cher leurs services, qu'en fixant à 10 grands sesterces (plus de 400 fr. de notre monnaie) le salaire dans chaque cause, Claude crut avoir fait une réforme sévère.

(3) « Dans la cause de madame la duchesse de Luxembourg » contre M. son oncle, et dans plusieurs autres, on l'a de même » combattu, avec ses propres armes, *sans que jamais il ait* » *succombé à la tentation de se justifier.* » (Préface des Œuvres de Cochin, édition in-4°, p. 50.) Cette préface est due à un

votre indignation, songez qu'au point où il est parvenu, c'est une nécessité de position, à laquelle
d'ailleurs, dans son *probabilisme*, il peut se plier
sans scrupule. « La loi, pour lui, presque toujours
» a deux sens et deux acceptions, double langage
» et double visage (1). » En médecine, Hippo-
crate dit oui, et Galien dit non : plaise à Dieu
qu'au palais un jour il faille pour cela deux personnes!...

Cette flexibilité d'esprit, cette mobilité de doctrines nécessaires à l'avocat pour faire successivement valoir toutes les causes, ne contrastent-elles
pas étrangement avec l'opiniâtreté de conviction
qu'il montre dans chacune? Il doute dans son cabinet, avant que le client n'arrive, et quand il en
sort, il affirme! Dès ce moment, de sa part, il y a
parti pris, résolution inébranlable. Pareil à ces soldats des cantons helvétiques, une cocarde lui est
échue, il combattra tête baissée.

Est-il possible, lui direz-vous, que vous n'ayez
jamais, chemin faisant, senti chanceler votre conviction? que la plaidoirie de votre adversaire ne
vous ait jamais détrompé? que dans un grand
nombre d'affaires, dans celles par exemple où la

---

avocat distingué (M. Besnard), dont Camus fait l'éloge, et
M. Dupin en conseille la lecture.

(1) M. de Cormenin, *Études sur les orateurs parlementaires* (10ᵉ édition), étude 24.

solution dépend d'une expertise, d'une enquête
dont vous ne sauriez deviner le résultat, ce résultat,
toujours, ait été favorable? Est-il possible que
dans ces procès où vous venez, au nom d'une partie civile, remplir un rôle si redoutable, chaque
déposition ait affermi vos pas dans la voie de l'accusation (1)? Et si cela n'est pas possible, pourquoi voit-on si rarement un avocat abandonner sa
cause? Comment peut-il concilier ces deux conditions contradictoires : le *parti pris* pour défendre
chaque client, le *scepticisme* pour les accueillir
tous?

L'intelligence ne subit pas impunément un si
mauvais régime; elle contracte, dans ces débau-
ches, de véritables maladies. Essayons d'en faire
connaître la nature.

—————

(1) Le magistrat du ministère public, représentant de la
société, n'a point d'autre intérêt que celui de la justice; et
quand il n'est point convaincu, il demande l'absolution :
l'avocat de la partie civile ne représente que son client. Si
la culpabilité n'est pas prouvée, plaidera-t-il pour l'accuse?.....

IV.

**EFFETS DE L'EXERCICE DE LA PROFESSION D'AVOCAT
SUR L'INTELLIGENCE.**

« On accuse la profession d'avocat de rendre
» l'esprit faux, pour ne rien dire de plus (1). » Se-
riez-vous surpris de ce reproche, qu'aujourd'hui
tant de voix répètent (2), si vous saviez que dès le
début, la direction des études tend à le faire en-
courir ? Les professeurs ne s'abusent pas (leurs
préceptes le prouvent) sur la destinée du talent
qu'ils cherchent à former. Ils ne se dissimulent point
que leur disciple est appelé à changer sans cesse
de personnage ; ils l'élèvent en conséquence (3).

---

(1) Félix Bodin, *Diatribe contre l'art oratoire*, p. 194.

(2) « Chez eux, le métier tue la raison » l'*Observateur
au 19ᵉ siècle*, ch. des croyances et des opinions.

L'habitude de plaider alternativement le pour et le contre,
le non vrai et le vrai, fausse leur judiciaire. (M. de Cormenin, *Études sur les orateurs parlementaires*, 10ᵉ édition,
étude 4.)

(3) Un savant professeur (M. Proudhon) ne manquait ja-

Donnons, par un exemple, l'idée de leurs leçons :
« Quand les arrêts seront vos ennemis, vous vous
défendrez, disaient-ils, par ces maximes consa-
crées : c'est dans les codes et non dans des recueils
d'arrêts qu'un juge doit chercher sa règle de conduite (1). Il faut, puisqu'il encourt la responsabi-
lité de ses sentences, qu'il conserve l'indépendance
de sa raison; qu'entre la loi et lui, il n'y ait point
d'intermédiaire ; qu'il s'appuie sur des argumens
et non sur des autorités (2), secours qui ne manque à personne (3). Telle est d'ailleurs la variété
des choses humaines, qu'il n'est guère possible
que deux procès, non plus que deux visages, se
ressemblent exactement; et la moindre nuance

---

mais, dans ses cours, de plaider chaque question sous ses
deux faces, etc. V. *Cours de droit français*, t. I, p. 44, 95,
192, 325, 341, t. II, p. 14, 47, 110, 117, 247, etc. Les réglemens des sociétés de jurisprudence, calqués sur ceux de
l'ancienne basoche, renferment, presque tous, cette disposition : « les rôles des avocats seront *tirés au sort.* » Enfin la
célèbre formule « *quidquid dixeris argumentabor* » n'a pas
cessé d'être en faveur dans les concours ; non plus que les
argumens *in apicibus juris.*

(1) *Legibus non exemplis judicandum.* L. 12, ff. *de officio
præsidis.*

(2) *Non auctoritatibus, sed pondere rationum certandum est.*

(3) Pothier cite peu d'arrêts. Il savait que la doctrine qui
» en résulte est grandement mêlée de pour et de contre.»
(M. Dupin, *Dissertation sur la vie et les ouvrages de Pothier.*)

dans les faits suffit pour changer le problème, conséquemment la solution (1). Aussi les jurisconsultes
disent-ils : « Nous ne voulons pas que le jugement
» d'un procès soit calqué sur celui d'un autre,
» parce que la jurisprudence n'est point un art d'i-
» mitation (2).

Y a-t-il, ajouterez-vous, rien de plus incertain
que l'autorité des arrêts ? n'a-t-on pas vu la même
décision invoquée à l'appui d'opinions opposées (3)?
y a-t-il rien de moins stable? qui sait si la vérité de
la veille sera celle du lendemain? Chaque jour,
sont consacrés de nouveaux principes; des questions que l'on croyait jugées sans retour reparais-
sent, et reçoivent une solution contraire. « Ce n'est
» donc pas dans les décisions émanées des tribu-
» naux, mais bien dans l'examen des lois elles-
» mêmes, dans la méditation des bases sur lesquel-
» les elles reposent, dans la comparaison et le rap-
» prochement de leurs dispositions, qu'il faut re-
» chercher la science du droit (4). Il est plus facile
» de trouver des arrêts que des raisons (5). »

(1) *Minima facti differentia magnam juris diversitatem
induit.* (Du Moulin.)

(2) Proudhon, préface du *Traité de l'usufruit*, p. 20.

(3) Voyez-en un exemple dans le 4ᵉ volume du *Droit civil français*, par Toullier, p. 480.

(4) Proudhon, préface du *Traité de l'usufruit*, p. 18.

(5) Toullier, *Droit civil français*, t. 8, p. 518.

» Cependant, poursuivaient nos maîtres, si les arrêts vous étaient favorables, ne soyez point assez
mal inspirés pour en dédaigner le secours, Faites-
les valoir en ces termes :

» C'est par la loi qu'il faut juger ; nul ne conteste
ce principe, mais le champ des procès ne com-
mence qu'au point où la loi devient obscure ou
muette : obscure, les arrêts en sont le commentaire, et muette, le complément. Ce n'est pas là
seulement une opinion, c'est une règle fondamen-
tale, c'est la base théorique de la Cour de cassation,
tribunal politique plutôt que civil (1), interprète
officiel de la loi, régulateur et centre des doctrines.
Quand vous méprisez ses arrêts, la Cour de cassation anéantit les vôtres ; la guerre des plaideurs
continue, vous savez quels en sont les fruits. Privée
des leçons du passé, du secours de l'expérience,
la science du droit, sans les recueils d'arrêts, res-
térait toujours dans l'enfance. Le livre d'où sont
sorties toutes les législations de l'Europe, les *Pandectes*, ne sont qu'un recueil de décisions rendues
sur des causes particulières ; elles réfutent, à chaque page, cette fausse maxime, que « les arrêts

______

(1) « On a toujours tenu pour principe que la cassation a
» été introduite plutôt pour le maintien des ordonnances que
» pour l'intérêt des justiciables. » *Mémoire au Roi*, par
M. Joly de Fleury ; Henrion de Pansey, *De l'autorité judiciaire en France*, édition in-4°, p. 415.

sont bons pour ceux qui les obtiennent. » Par la
vérité de leur titre (dont le sens est : *Je contiens
tout* (1)), les Pandectes prouvent aussi que, malgré
leur étendue et leur variété, les matières judiciaires
ont une limite. Aujourd'hui, qui peut en douter?
la date de nos codes est encore récente, et presque
toutes les questions de doctrine déjà sont résolues
par des séries d'arrêts. Dans les questions de fait
elles-mêmes, s'il n'y a pas identité, il y a, sans cesse,
analogie. Aussi la plupart des plaidoiries coûtent
peu de travail aux anciens avocats; ils connaissent
toutes les causes (2). Les tribunaux qui les jugent
n'ont pas reçu, nous le savons, le don d'infaillibi-
lité; nous n'attribuons point à leurs sentences
l'autorité des canons d'un concile, mais leur puissance toute morale, en laissant à la raison sa liberté, rend son option plus imposante; et quand,
plusieurs fois, sur une même question, cette option s'est renouvelée, la résistance est téméraire.
Par l'abus du libre examen, ce protestantisme judiciaire aboutirait à l'anarchie (3). On objecte le

<hr>

(1) Πᾶν δέχομαι.

(2) A Paris, presque tous les jours les avocats du premier ordre plaident plusieurs causes. M. Tripier souvent en
plaidait quatre.

(3) « La jurisprudence est le plus fidèle interprète de la
» loi. (Cochin, édition in-4°, t. 4, p. 457.) » Si l'on résiste aux
» principes établis par la jurisprudence, il n'y aura plus rien
» de certain et l'on pourra tout contester. » (Cochin, t. 5,

défaut d'unité de l'interprétation ! mais les auteurs sont-ils, entre eux, moins opposés que les arrêts? faut-il donc en conclure qu'il n'y a pas d'autorité? » »

— Nous demandons si cette duplicité de l'enseignement ne tend pas à fausser l'esprit, à pervertir le sens moral? et qu'on ne dise point que nous faisons ici la critique de la science plus que celle du professeur. Car si le professeur, sur un pareil sujet, ne devait pas sortir des limites du doute, il n'y aurait point de science. Quelques hommes du Palais semblent avoir pris à tâche de le persuader en publiant des volumes d'arrêts sous ce titre, au moins imprudent : *le Pour et le Contre* (1) (pourquoi pas le *Blanc* et le *Noir*)? Nous comprenons bien leur pensée ; s'ils parvenaient à démontrer qu'il n'y a point de choix possible entre les causes, nous ne pourrions puis leur reprocher de les accepter toutes ; mais la plupart des arrêts qui s'entrechoquent, dans leur recueil, statuent sur des questions fort différentes. Pour le céler, ils ont omis les faits ; n'entendant pas mieux leur devoir, nos professeurs omettaient de conclure. Le problème est-il insoluble ?. « une suite de décisions, perpétuellement semblables » avait formé chez les Romains, une jurisprudence aussi res-

p. 271.) Voyez aussi le commentaire de Godefroy sur la loi 38, ff. *De legibus.*

(1) *Le Pour et le Contre,* journal de la magistrature et du barreau.

pectée que la loi (1). Serions-nous moins avancés qu'eux (2)? Sur un grand nombre de questions, cette série d'arrêts existe ; et rarement, au point où nous sommes, un changement est un progrès. Il faut, pour résister aux précédens judiciaires, une puissance de conviction difficile à acquérir. C'est l'autorité la plus logique : les consultations, les décisions d'auteurs ne sont que des opinions individuelles. Un arrêt est une œuvre collective, un choix entre des doctrines qui ont lutté. Il représente le travail des avocats, des commentateurs, des magistrats de tous les rangs : les plus éclairés sont-ils ceux dont la raison est la plus orgueilleuse ?.... Autrefois nous n'hésitions guère à prêcher, le cas échéant, l'insurrection contre la jurisprudence : « Les épis de blé, dit Montaigne, vont » s'élevant et se haussant, la tête droite et fière, » tant qu'ils sont vides, mais quand ils sont grossis » de grains, en leur maturité, ils commencent à » baisser les cornes(3). » Fruit de la méditation et de

---

(1) Loi 38. ff. *de legibus.*

(2) « Pour accorder aux tribunaux une plus grande con» fiance, le législateur s'est fondé sur les progrès de la juris» prudence qui tous les jours se fixe et s'éclaircit. » Exposé des motifs de la loi du 13 avril 1838.

Dans l'application du Code civil, la moyenne des cassations est de 15 sur cent pourvois.

(3) Essais, apologie de Sebonde, liv. 2, ch. 12.

l'expérience, l'humilité d'esprit, en cette image peinte, ne doit pas être confondue avec le scepticisme, doctrine dont l'avocat, dès l'école, est nourri, mais contre laquelle, au début, souvent sa raison se révolte : car la raison a besoin de choisir; et cet art qui consiste à trouver sur chaque problème l'équilibre des argumens, afin de laisser au hasard de l'arrivée du client le soin de le rompre, répugne à la vive intelligence, au sens exquis de la jeunesse. Il suffirait, pour s'en convaincre, d'assister quelquefois aux exercices oratoires, connus sous le nom de conférences, et dirigés, au barreau de Paris, par le bâtonnier en personne. La discussion bientôt languit; il ne se trouve plus, parmi les stagiaires, un acteur pour le mauvais rôle; il faut que les *anciens* s'en chargent. Admirables joueurs d'escrime, ils y déploient une merveilleuse adresse (1); et, maniée par eux, la *raison de douter* devient une arme si perçante, qu'elle passe à travers le syllogisme le plus serré. Ils enlèvent des

___

(1) Dans la préface des Œuvres de Cochin, déjà citée, (p. 25, note 3), nous remarquons cette formule d'éloge : « Il (Cochin) sait se porter pour agresseur s'il est en force, » et s'il est le plus faible, ne se battre qu'en retraite. A » chaque effort qu'on fait pour le prendre, il échappe comme » Protée. — En 1822, Paul-Louis Courier écrivait aux juges » de Tours : « J'ai ouï dire des merveilles de l'habileté des » avocats à obscurcir ce qui est clair et à donner au tort l'ap- » parence du droit. »

voix, troublent plus d'une conviction ; mais toute leur subtilité franchement avouée, à la tribune, par l'un des notables de l'ordre (1), s'émousse contre le bon sens de la masse ; et les questions, le plus souvent, sont décidées par une majorité compacte. Les jeunes gens qui l'ont formée, en avançant dans la carrière, deviennent peu à peu moins fermes dans leur choix : des cliens leur sont arrivés avec des causes opposées ; lesquels auraient-ils mal reçus ? Un avoué les présentait... puis, dans un cabinet, nouvellement ouvert, l'hospitalité est si grande ! le maître du logis se dit bien, en lui-même : « Plus tard, je choisirai mes hôtes. » Mais, plus tard, l'habitude est prise. Or, l'esprit perd en rectitude ce qu'il gagne en souplesse et en dextérité (2). C'est une loi de la nature morale de l'homme, vérifiée par des faits sans nombre. Il faut citer le plus frappant : l'un des écrivains éminens du 18ᵉ siècle, Jean-Jacques Rousseau s'est exercé, comme les avocats, à soutenir toutes les thèses. Souvent dans son moule oratoire, les so-

---

(1) Dans la séance de la chambre des députés du 5 mai 1835, M. Odilon Barrot a dit, à la tribune : « Les argumens » des partisans du projet de loi sont si subtils qu'ils seraient » dignes du barreau. »

(2) Un homme de génie, Descartes (de la Méthode, ch. 6), a remarqué : « que ceux qui ont été long-temps bons avocats » n'en sont pas pour cela, par après, meilleurs juges. »

phismes ont pris des formes séduisantes. De l'abus
de sa force intellectuelle, quelle conséquence est
résultée? Si vous ne le saviez par vous-même,
toutes les voix vous l'apprendraient : « son adresse
» ambidextre a égaré son jugement. » A ceux qui
qui posséderont, au même degré que lui ce talent
dangereux richesse ni renommée ne manqueront
au barreau. Il y avait, à Paris, avant 1830, un
homme d'affaires qu'on appelait « l'avocat des
» causes difficiles ». Nous ne savons si ce titre sup-
pose autant de bonne foi que d'habileté ; mais,
au Palais, c'est un titre de gloire (1). Celui qui
l'avait mérité y jouissait d'une grande faveur ; et
quoiqu'il fût loin assurément de plaider le para-
doxe avec la supériorité de Rousseau, il gagnait
(disait-on), sans faire plus qu'un autre l'usure de
sa science, jusqu'à cent mille francs par an. Sa
parole, terne et vulgaire, manquait d'inspiration

---

(1) Dans la cause *très-difficile* de Mme de Mirabeau contre
son mari, Portalis ne dut la victoire qu'aux injures, par lui
savamment préparées, pour faire éclater, audience te-
nante, la colère de Mirabeau, qui plaidait en personne et le
forcer, en quelque sorte, à diffamer sa femme. M. le
comte Ferrand, dont la bienveillante amitié, plus d'une
fois, dirigea nos études, nous faisait remarquer, comme
trait de mœurs, l'approbation par le barreau de cette ruse
de guerre qui valut à Portalis de si rudes apostrophes « : Vil
marchand de paroles ! » s'écria Mirabeau, etc. V. *Barreau
francais*, t. 10, p. 38.

autant que d'euphonie. Il avait cette élocution ro-
turière dont l'abbé Maury s'est moqué, et cependant, ses plaidoiries quelquefois nous ont rappelé
les traits sous lesquels M. Delamalle, dans un discours couronné par l'Académie française, a peint
l'éloquence judiciaire : « subordonnée, insinuante,
» obséquieuse avec le juge; familière et satyrique
» avec l'adversaire. » Vous chercherez en vain dans
les œuvres des maîtres, les élémens de cette définition. Elle eût fait rougir Gerbier; Linguet même
l'eût rejetée; car il n'avait que deux des défauts
qu'elle conseille : « insinuant et satyrique (1). »

Delamalle, dont les plaidoyers valent beaucoup
mieux que les préceptes, ici semble s'être placé au
point de vue des gens d'affaires : il a bien caractérisé ce langage sans dignité et sans élévation, cette
éloquence de praticien dont les modèles ne sont
pas rares. Il a voulu (il faut le croire) raconter
plutôt qu'enseigner. Mais puisqu'ici l'historien prenait le rôle du professeur, peut-être aurait-il dû
dire tout ce qu'il savait...... Un avocat, presque
toujours, devient déclamateur et prodigue de
paroles. Ces vices tiennent à l'essence de sa

(1) « Comme on ne trouve, dans les discours de Cochin,
» rien qui approche de l'adulation, il n'y a non plus aucun
» trait de malignité. On n'y verra point de satire et très-peu
» d'ironies. Avant lui c'était le vice dominant, etc. *Préface
des œuvres de Cochin.*

profession. Comment trouverait-il l'accent de la vé
rité? La cause qu'il défend n'est pas la sienne; et selon
la juste observation d'un écrivain trop oublié, « il
» faut un art prodigieuxpour jouer, d'après nature,
» le personnage du plaideur (1). » La difficulté di-
minue quand l'avocat parle sous l'influence d'une
sincère conviction; mais, pour plaider, « il se contente de la probabilité. » Il est d'ailleurs sceptique
par état, conséquemment par habitude. La conviction n'est chez lui qu'un accident heureux et ces
accidens-là sont rares. Aussi, le plus souvent,
l'inspiration lui fait défaut. Il n'en donne, malgré
ses efforts, que la contrefaçon et quelquefois la
parodie. Vous ne trouvez, en ses discours, qu'un
amas de phrases stagnantes. La même pensée, souvent une pensée unique, cent fois change de vê-
temens. Ni la critique ni les lois n'ont pu jusqu'à

---

(1) Marmontel , *Encyclopédie* , au mot *Barreau*.

L'homme de talent, plaidant sa propre cause , sera toujours plus éloquent (nous ne disons pas plus habile) qu'un
avocat, quel que soit son mérite. Nous citerions , pour le
prouver, les discours prononcés devant la Cour d'assises, par
les écrivains, accusés de délits de la presse. Dans la rédaction
des mémoires la supériorité des parties sur les avocats est
encore plus évidente : la raison dit que cela doit être. Les
faits prouvent que cela est. (Voir les *Mémoires de La Chalo-
tais, de Lally-Tolendal, de Saurin contre J.-B. Rousseau,
de Beaumarchais*, etc.)

présent réprimer cet abus (1). Cependant, tous les jours encore, vous entendrez l'orateur du barreau calomnier la patience du juge. Ne vaudrait-il pas mieux l'exercer un peu moins?

Cette faconde inépuisable, qui fait le tourment des tribunaux, obtient, depuis un demi-siècle, un grand succès auprès des électeurs. Suivons donc l'avocat où l'a conduit leur vote, et voyons si le climat de la tribune a guéri les infirmités de son talent.

Il y avait à l'assemblée nationale 210 avocats (2). Un seul y a pris rang comme orateur, c'était un avocat sans causes, un jeune homme de vingt-huit ans. Barnave n'a jamais, d'ailleurs occupé la première place. Au dessus de lui planaient Cazalès et Maury. Mirabeau les dominait tous. Sur le second plan du tableau, nous distinguons quelques figures : Thouret, Lechapelier, Tronchet,

____

(1) Il y a, disait D'Aguesseau, jusqu'à sept ordonnances qui enjoignent aux avocats d'être courts (t. 5, p. 632). Cette injonction a été renouvelée depuis (Décret de 1810, art. 37). M. Persil lui-même (devenu garde-des-sceaux) a signalé comme une des causes de l'arriéré de certains tribunaux, la loquacité des avocats (Rapport du compte général de l'administration de la justice civile). « Mais le client présent à l'audience mesure le prix du plaidoyer à son étendue et à sa durée. » (Marmontel, Encyclopédie, au mot *Barreau*.

(2) Ce chiffre, que nous croyons trop faible, est emprunté à l'*Histoire de la Révolution de France*, par M. de Conny.

mais l'ombre de l'oubli déjà s'étend sur eux. Pour captiver la renommée, le talent doit faire largesse.

Le plus beau nom qu'en ce temps-là, le barreau pût revendiquer, ce serait le nom ORATOIRE de Vergniaud. A l'Assemblée législative et surtout à la Convention, Vergniaud ne connut point d'égal. Sa phrase colorée et pompeuse affecte des formes solennelles : la situation les comportait. Les allusions, les images abondent en son style et font souvenir de ses lectures ; riche moisson, dont il aimait à montrer les épis. Le sceptre tomba de ses mains, quand le jour de l'expiation se fut levé sur la tribune : comme le trône, elle eut son roi-martyr.

Vergniaud, du reste, aussi bien que Barnave, dans le vestiaire du Palais laissa sa toge presque neuve : il plaida peu et plaida mal. La carrière judiciaire à peine était ouverte devant lui, le jour où il reçut son mandat politique. Guadet et Gensonné, qui, parfois, furent ses émules, quittèrent, comme lui, le barreau vers trente ans; c'est l'âge où, de leur temps surtout, le rôle sérieux commençait (1). Target, au contraire, avait subi toutes les influences de sa profession. Il en était le représentant le plus vrai lors-

______

(1) « Parmi les avocats, aujourd'hui les plus employés, » il n'y en a presque pas *un* qui ait *commencé* à être connu » avant d'avoir passé dix années au Palais. » (Camus, *Lettres sur la profession d'avocat*, lettre cinquième.)

qu'avant eux, il vint à la tribune; et il y fit une chute mortelle.

Nous ne savons s'il faut parler des orateurs de la Montagne sortis des rangs des avocats. Nous craindrions que cette liste immense, commencée par le nom de Danton, close par celui de Robespierre, ne tendît à diffamer l'ordre. Est-il d'ailleurs si facile de séparer le talent du caractère et de trouver ici la part de la *hache* de Phocion?... Un écrivain très-distingué entreprit cette tâche il y a quelques années. M. Thiers avait exalté le génie politique des grands maîtres de la *terreur*; il restait à vanter leur génie oratoire : M. Nodier s'en est chargé. Il a recueilli, pour les calquer dans ses pastiches, sur l'arène de la Convention, des fleurs de rhétorique (1)! Il est venu battre des mains, à cette éloquence furieuse, « autrefois comparée par un célèbre professeur, à la lave de l'Etna, brûlante à » l'heure de l'éruption, mais qui, bientôt après, » descendue dans la plaine, et glacée dans son » cours, n'est plus qu'un grossier minerai, un » mélange de fer et de bitume (2). »

Au sein d'une telle assemblée, l'homme de bien, avare d'admiration, peu touché des beautés de

---

(1) Voir le tome 7ᵉ des œuvres complètes de M. Charles Nodier, publiées par Eugène Renduel.

(2) M. Villemain, Discours pour l'ouverture du cours d'éloquence, en 1827.

l'art, garde ses sympathies pour le courage. Il sa-
luera, avec une émotion profonde, à la barre De
Sèze et Tronchet, à la tribune Lanjuinais, et
Boissy d'Anglas au fauteuil. Tous quatre sortaient
du barreau.

Les orateurs de la Montagne ont été les derniers
de cette époque. L'atmosphère du Directoire n'é-
tait pas favorable à l'éloquence. — Sous le Consu-
lat, sous l'Empire, le silence fut une loi qu'il était
dangereux d'enfreindre. La liberté de la parole ne
date que de la Restauration.

Les deux chambres législatives, fondées par la
charte de Louis XVIII, ont été peuplées d'avocats.
Leur renommée, sous cette latitude, presque jamais n'a pu s'acclimater. Il y a des exceptions, tâchons de les apprécier.

Lainé se fit de la tribune un piédestal, et, si le
trône était encore un symbole d'autorité (1), nous
dirions qu'il s'en fit un trône. Dans les discussions
les plus calmes, pour affermir son ascendant, l'i-
magination colorait sa logique. C'est ainsi qu'un
jour il disait : « Il y a dans la société différentes
» espèces de classes ; et dans le règne social, on
» doit en former, comme dans les autres règnes de

____

(1) « L'autorité est, de toutes parts, en ruines. » Discours
de M. Cousin, ministre de Louis-Philippe (Chambre des
Pairs, séance du 15 avril 1840.)

» la nature : sans cela, il n'y aurait pas même de

» société. »

Quand la passion faisait battre son cœur, Lainé maîtrisait l'assemblée. Pour ne citer qu'un seul exemple, nous rappellerons l'effet produit par sa défense des colons que Manuel accusait de barbarie, défense improvisée avec une énergie ardente, et dont souvent, en France, encore le dernier cri retentira : « Ne devons-nous pas cesser enfin d'être éclairés par des incendies! » — Une autre fois, sur sa lèvre inspirée, passa le souffle prophétique, et il nous jeta cet oracle :

« Les rois s'en vont. »

Mais, dès long-temps, Lainé, quand il parut au parlement, n'appartenait plus au barreau. Il était, depuis 1808, membre du corps législatif. Des travaux d'un ordre plus élevé, des intérêts d'une tout autre portée occupèrent sa pensée dans ce noviciat, et pour juger combien son talent y grandit, mesurez-le dans ses meilleures plaidoiries et dans ses premières improvisations devant les chambres.

Une voix éloquente a dit que « la tribune est le

» champ de bataille des intelligences (1). De Serre y a livré de glorieux combats. Les poètes, un jour, en chantant ses victoires, compareront sa parole au glaive et à la foudre : elle était en effet incisive

____

(1) Discours de M. Berryer à la chambre des députés, séance du 17 janvier 1837.

et brûlante. Mais, en vain le barreau voudrait le réclamer; sa place est dans les rangs de la magistrature.

M. Ravez a mérité sa belle renommée, et ce n'est pas, vous le savez, une renommée de grand orateur.

Ce Manuel, dont l'esprit de parti a tant exalté le mérite, avec un peu moins d'hostilité, n'eût jamais fixé les regards. Vous trouverez en ses phrases diffuses, plus d'invectives que d'argumens. Il s'adressait sans cesse aux mauvaises passions; et le secret de ses succès est dans ce mot de M. Molé: « Manuel parle par la fenêtre »; il avait des antipathies, mais il n'eut jamais de principes. Il voulait abattre le trône; le trône abattu, qu'eût-il fait? Il repoussait également la pensée d'une république et celle de la dynastie, dont ses amis ont été les patrons (1). Semblables à ces monnaies mal frappées que les numismates rejettent, les harangues de ce tribun n'eurent qu'une valeur de convention : dans quelles bibliothèques sont-elles?

---

(1) Manuel disait « que la république ne convient pas à un » grand peuple dans l'état actuel de nos sociétés, etc., etc. « Comme on voulait exploiter sa popularité au profit d'un » certain personnage, il laissa échapper cette exclamation : » Ne me parlez pas de cet homme-là ! » (Voy. *Études sur les orateurs parlementaires* par M. de Cormenin, 10ᵉ édit., étude XI.)

En plaçant à côté du nom de Manuel le nom si pur de Martignac, avons-nous besoin de protester contre toute intention de parallèle. Dans les galeries de portraits, les rapprochemens, souvent sont des contrastes. Homme de dévouement et de conciliation, Martignac, par la noblesse de sa vie politique, par la générosité de son cœur, par les séductions de son talent, a conquis dans l'histoire une place élevée. S'il n'en a point au Panthéon, c'est qu'au lieu d'être un temple, le Panthéon n'est qu'une hôtellerie à l'enseigne de l'athéisme. (Marat n'y a-t-il pas logé?) D'autres diront si Martignac avait à la tribune plus de grâce que de vigueur; si sa parole harmonieuse et limpide coulait sur une pente trop douce, nous en attestons la puissance. Puissance de ralliement et de médiation dont nous ne voyons plus d'exemple, et dont l'emblème le plus vrai serait le caducée qu'à la fin les partis ont brisé dans ses mains. Leur profond repentir n'est-il pas aujourd'hui un assez bel éloge? Mais Martignac, lorsqu'il devint orateur influent, avait, comme Lainé, oublié le barreau. Il vivait, depuis long-temps déjà, dans une plus haute région d'idées et de passions, et là, ses facultés s'étaient perfectionnées.

Plus récemment nous avons vu la plupart des talens, en crédit au palais, faire faillite au parlement; et quelques uns avec d'effrayans déficits.

Compter les chutes est une tâche pénible. Laissant le soin de ce calcul à ceux qu'il devrait éclairer, nous résumerons, en quelques mots, une pensée, dont ici le sceau est imprimé sur chaque page, et nous dirons avec une conviction complète, qu'après avoir, toute sa vie, respiré l'air du greffe et de la barre ; contracté, dans une camaraderie inévitable, des habitudes sans dignité ; reçu de son client un rôle et de sa cause des principes, pour réussir à la tribune, il faudrait s'y transfigurer.

M. Berryer a fait voir ce miracle.

Devant sa renommée tous les drapeaux s'inclinent ; et ses ennemis eux-mêmes portent le joug de son éloquence. Dieu nous garde de méconnaître la splendeur d'un si beau génie ; de nier sa force impulsive quand une assemblée tout entière en subit, sous nos yeux, malgré ses préventions, l'entraînement irrésistible. Mais les prodiges qu'il opère ne prouvent rien contre notre opinion. Un phénomène n'est point un argument. D'ailleurs, à qui faut-il apprendre que ce grand orateur est homme politique cent fois plus qu'homme de palais ? Il a des principes arrêtés, une foi à toute épreuve, et tandis que la plupart de ses confrères, par les variations de leur symbole, par la mobilité de leur attitude parlementaire, accusent l'influence de leur profession, il suit, sans dévier, sa ligne de conduite. Enfin, nous devons ajouter qu'à la barre des tribunaux, dans un litige obscur, M. Berryer se sentait mal à l'aise. Son talent ne prenait essor que dans les causes éclatantes. A Paris même, il en est peu, et la sphère du palais n'était point assez large pour qu'il y déployât son envergure.

Ceux qui chercheront le secret de sa puissance à la tribune ne le trouveront pas tout entier dans les priviléges de sa nature, dans la richesse du pré-ciput dont le ciel l'a doté. Le pressentiment de l'effet, que la méditation quelquefois peut donner aux grandes vocations oratoires, est l'élément de ses succès et l'essence de son génie. Il sait où est l'écho et quel son il doit rendre quand sa voix le fera vibrer. « Il porte la sonde où la source doit » jaillir. » Mais le temps modifie et transforme : les circonstances changent ; les échos se déplacent ; et le mérite du style est le seul qui demeure.

Donc, pour l'avenir d'un orateur il y a deux chances fatales : l'*actualité* trop exclusive et l'im-provisation *trop vraie.*

Nous pourrions maintenant suivre les avocats sur l'arène des procès politiques : s'ils y avaient obtenu des triomphes, ce serait pour nous, un devoir. Mais les causes qui tiendront le plus de place dans l'histoire précisément sont celles qui ont mis en plein jour leur infériorité.

A deux époques principales d'une révolution,

dont les plus clairvoyans n'aperçoivent pas le dernier terme, vous trouverez deux grands procès : en 1793, le roi devant la convention ; et, devant la cour des pairs, en 1830, les ministres de Charles X.

Comparez au plaidoyer que prononça De Sèze, celui que, dans le même but, composa Lally-Tolendal. Il suffit, malgré ses défauts, pour faire juger de la distance qui sépare un avocat d'un orateur.

Dans le procès des ministres, l'accusateur, magistrat de la veille, était un homme du barreau ; le défenseur, depuis douze ans, marchait dans une autre carrière, comparez l'accusation à la défense, M. Persil à M. de Martignac.

La même cause offre d'autres exemples. Un des accusés, M. de Peyronnet, par la noblesse de son attitude et l'élévation de son langage, fit taire les inimitiés et ranima les sympathies (1) Son avocat n'obtint aucun succès. Quelqu'un a dit que « le talent est une fièvre intermittente. » L'accès, ce jour-là, ne vint point.

Un autre défenseur, fort connu au palais, n'ex-

______

(1) Le plus noble représentant du parti qui venait de vaincre (Armand Carrel), se voila le visage lorsqu'après une discussion pleine de calme, avec l'accusateur irrité, le prévenu arracha cet aveu : on a attribué à M. de Peyronnet ce qui était relatif à M. de Montbel. (Voy. le *National* de cette époque.)

cite d'émotion dans l'assemblée que par l'accident qu'il y éprouva (1). M. Sauzet fut plus heureux. Ceux qui ont été témoins de son triomphe, devraient, peut-être, en expliquer la cause. A la lecture elle est difficile à saisir ; et la tribune jusqu'ici ne l'a point divulguée. Devenu ministre de la justice, M. Sauzet a tenu les clefs de la prison de son client et son successeur l'a ouverte! « Un homme d'état, disait Napoléon, doit mettre son cœur dans » sa tête. » Tous ceux qui acceptent le conseil sont-ils bien sûrs qu'il soit à leur adresse ?

Au temps de la restauration, dans des causes moins solennelles, des avocats, alors fort populaires, en défendant la liberté, parfois rencontraient l'éloquence. Il faut qu'ils aient changé de route. Mais peut-être, à défaut de grands noms oratoires (il n'y en a pas deux à citer), le palais a-t-il produit de grands noms politiques : un diplomate illustre, un ministre éminent; où le trouverez-vous ? les hommes, en changeant de position, ne changent pas de nature : après avoir passé sa vie à discuter des intérêts privés, un avocat difficilement se place au point de vue de l'intérêt public, et toute question, pour lui, n'est qu'un procès; l'étendue, la hauteur, manquent à ses idées : Sa mesure est toujours trop courte : il réduit les plus grands traités aux propor-

____

(1) Le défenseur de M. de Guernon-Ranville s'évanouit à la péroraison.

tions d'un contrat ordinaire; « il parle des Pyrénées » comme d'un mur mitoyen. » L'histoire ici, depuis dix ans, ressemble trop à la satire (1), nous n'en franchirons pas le seuil. Il ne nous reste, au point où nous sommes parvenus, qu'à resserrer le syllogisme développé dans cet essai, et à mettre la conclusion en évidence.

(1) « Tout est descendu » mot d'un ministre de Louis-Philippe, répété à la tribune par M. de Montalembert (avril 1839).

RÉSUMÉ ET CONCLUSION.

Considérée sous le rapport des devoirs qu'elle impose, la profession d'avocat « aussi noble que la vertu » mais non moins difficile, peut tenter les esprits élevés et les cœurs généreux. Malheureusement, il faut, pour la rendre féconde, au risque d'énerver sa conscience et sa raison, en faire fléchir la morale.

Confondre, comme D'Aguesseau, le sentier de la probité avec le chemin de la fortune, c'est mal conuaître le pays.

Les avocats s'orientent mieux : ils ont l'intérêt pour boussole. Mais, tant qu'ils opteront pour la voie qu'il indique; tant qu'ils feront de leur ministère un mode d'industrie, une sorte de négoce, le scepticisme (nous l'avons démontré) en sera la mise de fonds; et les pages de leur cerveau qu'un flatteur comparait au dictionnaire de Bayle, contiendront une thèse au recto, au verso, la thèse contraire.

Nous avons signalé les résultats de cette nécessité fatale; de ce culte de la probabilité dont les sectateurs désormais devront multiplier les rites; car, pour les avocats, privés de patrimoine, la position, tous les jours, devient pire (1), la route rétrécit et l'affluence augmente. Proclamons donc, bien haut, cette conclusion, et qu'à l'avenir, elle prévienne les mécomptes et les dangers.

La prudence interdit aux hommes sans fortune l'accès d'une telle profession.

---

(1) « *Magnum pauperies opprobrium jubet...*
» *Virtutisque viam deserit arduæ.* » (Horace, ode 24, Liv. III.)

FIN.

TABLE.

Paris. — Cosson, imprimeur de l'Académie royale de médecine,
rue Saint-Germain-des-Prés, 9.